# LA CHAMBRE

## SERA-T-ELLE DISSOUTE?

IMPRIMERIE DE FAIN, RUE DE RACINE.

# LA CHAMBRE

## SERA-T-ELLE DISSOUTE?

## PARIS,

DELAUNAY, Libraire, Palais-Royal, galerie de bois;
PONTHIEUX, Libraire, Palais-Royal, galerie de bois;
PÉLICIER, Libraire, Palais-Royal, galerie de bois;
MONGIE jeune, Libraire, rue Royale, n°. 4.

1820.

# LA CHAMBRE

## SERA-T-ELLE DISSOUTE?

C'est la question que chacun se fait, c'est celle que vraisemblablement on agite dans les hauts conseils.

Ne puis-je l'examiner pour mon propre compte, et la soumettre à mon conseil privé?

Je suis certain que la bonne foi présidera la discussion, que tous les raisonnemens pour et contre seront produits par le véritable amour du bien public, et que nulle autre passion ne dictera les conclusions.

Deux considérations principales doivent fixer l'attention: la situation respective des partis dans la chambre, l'impression que les esprits, hors la chambre, reçoivent de cette situation.

Le discours émané du trône à l'ouverture de la session, en menaçant une loi chère à la majorité de la nation, avait alarmé cette majorité. Elle avait vu avec satisfaction les efforts des députés produits par cette loi pour obtenir des économies, le développement des principes posés dans la charte, et, il faut le dire, elle approuvait le contrôle qu'ils étendaient sur toutes les parties de l'administration. Ces efforts n'avaient pas été suivis de grands succès, mais ils en promettaient pour l'avenir, et comme l'a dit un de nos aimables poëtes : *espérer c'est jouir.* On se rappelait que quelques mois auparavant, une attaque partie de la chambre des pairs contre la loi des élections avait été vivement repoussée par le ministère ; et maintenant que le gouvernement lui-même renouvelait cette attaque avec la plus auguste solennité, le peuple, au lieu d'admettre que l'expérience, de sages méditations, eussent porté les ministres au généreux abandon de leur opinion, au dévouement sublime de se mettre en contradiction avec eux-mêmes, craignit que les changemens annoncés ne fussent projetés par une opinion contraire aux intérêts de la révolution. Ces intérêts lui sont chers à plus d'un titre; ils sont sous la protection de la charte; le peuple veut les conserver; les élus donnés par la loi du 5 février les défendaient. Ainsi et la loi et ses résultats avaient et devaient avoir un grand nombre de partisans. On l'accusait à la vérité de la nomination de *Grégoire*, mais outre qu'on n'a point encore éclairci par quels motifs cette nomination a eu lieu, par quelle voie on y est parvenu, ne savaient-ils pas ceux qui criaient le plus haut, qu'une semblable erreur ne pouvait être fréquente, que les lois les mieux digérées laissent toujours ouverture à quelque abus, et que malheureusement on n'en concevra jamais qui puissent écarter de la tribune les intrigans, les ambitieux, les âmes vénales, choix infiniment plus dangereux que celui tant reproché au collége de l'Isère.

On argumentait de l'influence d'un prétendu comité directeur, de celle des journalistes libéraux; mais avaient-ils le privilége de ces moyens? Ne sont-ils pas à la portée de tous les partis? Tous n'avaientils pas des journaux? Tous n'avaient-ils ou ne pouvaient-ils pas avoir un centre de correspondance? Les recommandations ne réussissent que lorsqu'elles sont en harmonie avec l'opinion. Vous aurez beau conseiller ce qui répugne, on ne vous entendra pas. Si vous conseillez ce qui plaît, ce n'est pas une influence que vous exercez, vous ne faites qu'exprimer ce qu'on désire. L'autorité seule peut influencer, elle seule peut avoir à sa disposition la confiance, la séduction ou la crainte.

Par tous ces raisonnemens, je répète que la loi du 5 février, avait et devait avoir beaucoup de partisans. Je n'en conclus pas cependant qu'elle ne dût subir aucunes modifications, moins encore veux-

je prétendre que l'intérêt d'un parti a
seul inspiré ces modifications. Peut-être
était-il vrai que le mode d'élection, sui-
vant la loi du 5 février, ne contenait pas
assez d'élémens aristocratiques pour préserver de l'invasion de la démocratie.
Peut-être était-il utile d'accroître l'influence de la grande propriété. Peut-être
aussi l'extrême simplicité de la loi était-
elle un grand vice qu'il convenait de faire
disparaître et de remplacer par d'ingé-
nieuses combinaisons , comme certain
journal l'a assuré ; j'admets toutes ces
nécessités , mais enfin , pour les recon-
naître , il fallait d'abord se dépouiller de
l'impression favorable que la loi avait
faite, il fallait sacrifier des faits et des
sentimens à des idées, il fallait oublier
le cri d'effroi jeté par le ministère lui-
même à la proposition du marquis Bar-
thélemy, il fallait enfin s'affranchir d'une
défiance injuste ou non , mais qui subsistait, et l'on conviendra qu'à moins d'en-
chantement , tout cela ne pouvait avoir

lieu au premier instant, et qu'il était na-
turel que le discours d'ouverture divisât
la chambre et la nation.

Jusqu'à ce que la discussion eût amené
la conviction, chacun conservait son opinion ; le parti libéral s'attachait d'autant
plus à la sienne, qu'elle était attaquée, et
son affection pour elle se fortifiait de
toutes les suggestions de l'amour-propre.

Un crime affreux mit la France en
deuil, d'odieux soupçons se firent en-
tendre, le ministère crut des lois d'excep-
tion nécessaires ; mais tous ceux qui n'é-
taient pas pénétrés de cette nécessité dé-
plorèrent la suspension de nos libertés
les plus chères avec une amertume que
justifiaient les motifs qu'on avait présen-
tés pour l'obtenir. Les députés libéraux
les repoussèrent avec la chaleur d'une
noble indignation, et si leur opinion ne
resta pas victorieuse dans la chambre,
elle triompha dans le public.

C'est dans cette situation des esprits,
que s'ouvrit la discussion sur la nouvelle

loi des élections. L'opposition fut vio-
lente : il en devait être ainsi. Je ne m'ar-
rête point aux malheureux événemens
qui ont signalé cette discussion ; il ne
m'appartient point de rechercher quels
furent les premiers coupables et leurs in-
tentions ; le gouvernement a promis jus-
tice et sincérité, attendons et ne préju-
geons rien.

La loi fut adoptée amendée par des
concessions réciproques, elle a reçu l'ap-
probation de la chambre des pairs, le
sceau royal, et c'est elle qui va régir les
nouvelles élections.

C'est ici que revient se placer la question qui sert de titre à cette feuille, la
chambre sera-t-elle dissoute pour mettre
en action la loi nouvelle dans toutes ses
dispositions, ou n'agira-t-elle que pour le
remplacement du cinquième sortant, et
pour l'élection des cent soixante-douze
députés dont elle accroît la chambre ?

Je ne puis savoir ce qu'on fera, mais je
puis avoir une opinion sur ce qu'il faudrait

faire, et je n'hésite pas à répondre. Oui, la chambre doit être dissoute.

Tout corps où les droits de chacun sont les mêmes doit être homogène, je veux dire composé d'élémens produits du même principe. Ce n'est pas que pour une assemblée délibérante cette communauté d'origine soit le garant de la conformité des opinions, ce miracle est impossible, mais il est certain que des députés nommés à titres différens doivent en recevoir des impressions diverses. Dans la session qui finit, les uns siégeaient en vertu d'une loi actuelle, les autres en vertu d'une loi abrogée préexistante même à la restauration. Le titre de ceux-là était en pleine vigueur, le titre de ceux-ci ne subsistait que transitoirement et chaque jour il allait s'éteignant. Il est sans doute difficile d'établir jusqu'à quel point cette différence de position en jetait dans les esprits, de définir la nature des impressions qu'elle produisait ; mais on ne peut raisonnablement nier qu'influant d'abord d'une manière insensible, elle ne soit progressivement devenue la cause d'une dissidence prononcée.

Cet inconvénient, que je déduis d'une composition hétérogène, s'augmenterait encore si la chambre n'était pas dissoute, car telle serait la bigarrure qu'elle présenterait :

52 députés nommés d'après la loi préexistante à la restauration.

154 — nommés en vertu de la loi du 5 février.

224 — nommés en vertu de la loi nouvelle.

Peut-on espérer de l'harmonie dans un tel amalgame, d'y faire naître une saine majorité, et tout n'autorise-t-il pas au contraire à craindre une divergence perpétuelle et funeste ?

A cet élément de discorde il faut ajouter ceux que la chaleur des dernières discussions a semés. Elle était inévitable et naturelle de la part des députés libéraux, on attaquait leur origine, et, comme on ne pouvait la discréditer qu'en déconsidérant ses produits, on s'est vu entraîné à manquer d'égards pour les élus de même que pour les électeurs, et à offenser à la fois et

le principe et ses conséquences. Les in-
jures de cette nature se gravent profondé-
ment, le ressentiment s'en conserve et sou-
vent il surmonte la raison.

Sans doute il serait de convenance et de
courtoisie de penser que les députés quelles
que soient leurs opinions, faisant abné-
gation de leurs affections personnelles, les
immoleraient toutes à l'intérêt public; mais
il ne serait pas prudent d'y compter : ce
n'est pas avec de civiles et d'édifiantes sup-
positions que l'on raisonne juste; et, lorsqu'on traite avec l'humanité, toutes les im-
perfections doivent être portées en ligne de
compte. Les députés revenant aux mêmes
titres sur les mêmes bancs, en face des
mêmes contradicteurs, y retrouveraient
leurs souvenirs et leurs passions ; qu'on
ait la sagesse de les préserver d'une telle
rencontre.

Peut-être ai-je suffisamment démontré
la nécessité de renouveler la chambre; cependant je ne puis taire des réflexions qui
sans doute ont saisi tous les esprits.

Le ministère a présenté comme im-
minens les dangers de la loi du 5 février
et sa réformation comme d'une urgence
extrême, pourquoi ne se hâterait-on pas
de jouir pleinement des améliorations
qu'on se promet de la loi nouvelle? Par
quelle étrange contradiction laisserait-on
subsister les résultats d'un principe ré-
prouvé? Pourquoi conserverait-on les effets d'une cause uniquement détruite par
rapport à ses effets? L'impossibilité de répondre raisonnablement à ces questions
me fait croire qu'on n'y donnera pas lieu
et que la chambre sera dissoute.

FIN.